W0187928

Ingrid Gnettner

Mit Händen und mit Füßen will ich den Tag begrüßen

Fingerspiele und Bewegungsverse für Krippenkinder

Gerne nehmen wir Ihre Anregungen, Wünsche, Kritik oder Fragen entgegen:
Don Bosco Medien GmbH, Sieboldstraße 11, 81669 München
Servicetelefon: 089 / 48008-341

Bibliografische Information der Deutschen Nationalbibliothek

Die Deutsche Nationalbibliothek verzeichnet diese Publikation in
der Deutschen Nationalbibliografie; detaillierte bibliografische
Daten sind im Internet über http://dnb.d-nb.de abrufbar.

1. Auflage 2010 / ISBN 978-3-7698-1840-6
© 2010 Don Bosco Medien GmbH, München
Umschlagillustration und Gestaltung: ReclameBüro, München
Illustrationen: Eva Gnettner, München
Notensatz: Nikolaus Veeser, Schallstadt
Satz: undercover, Langweid / Foret
Druck: Don Bosco Druck & Design, Ensdorf

Gedruckt auf umweltfreundlichem Papier

Inhalt

Mit Händen und mit Füßen
will ich den Tag begrüßen.
Mit Kopf, mit Schultern,
mit dem Bauch,
da winken wir euch allen auch.
Und unser Po
sagt noch: Hallo!
Mit vielen dicken Küssen
wolln wir den Tag begrüßen!

Das Leben entdecken

Kinder sind neugierig. Noch ganz klein, bewegen sie sich auf das, was sie entdecken wollen, zu. Sie be-greifen, tasten und schmecken die Welt, in der sie leben. Sie setzen Dinge, die sie in ihrer Umgebung finden, in Bewegung, lassen Gegenstände fallen, beobachten, wiederholen, lernen. Mit allen Sinnen und mit unermüdlicher Lust, selbst aktiv zu sein, erobern und vergrößern sie ihren Lebensraum. Sie entwickeln immer wieder neue Bewegungsformen, die noch längst nicht ausgeschöpft sind, wenn sie endlich stolz mit beiden Beinen im Leben stehen. Bewegung ist für sie ein elementares Bedürfnis, ein Ausdruck ihres Da-Seins und ihrer Lebensfreude.

Babys kommentieren ihre Bewegungen mit Lauten; nach und nach werden diese zu Wörtern und schließlich zu der Sprache, durch die sie sich mit anderen verständigen.

Die Lust an Lauten, am Singsang der Sprache, bleibt vielen Kindern lange erhalten. Es ist ihre ganz persönliche Begleitung beim Spiel, bei vielen alltäglichen Aktionen. Sprechen, singen und spielen sind für sie eine Einheit.

Größere Kinder experimentieren bewusst mit Sprache, und wenn wir diesen spielerischen Umgang fördern, unterstützen wir ohne viel Mühe Artikulation und Freude am Ausdruck. Sprachhemmungen, die schon entstanden sind, können gelockert und mit der Zeit sogar abgebaut werden.

Kinder entdecken durch eigenes Experimentieren, dass Sprache eine Melodie hat und viel mehr ist als nur ein Mittel zur Kommunikation. Sie erleben aber auch den Rhythmus der Sprache und drücken ihn mit ihrem Körper aus.

Greifen wir diesen Rhythmus immer wieder gezielt auf, fördern wir bei den Kindern mit viel Spaß unter anderem die Konzentrationsfähigkeit. Nicht nur in der Sprache, sondern im gesamten Verhalten wirkt sich das positiv aus.

So ist es eigentlich selbstverständlich, dass – im Sinne einer ganzheitlichen

Erziehung – Bewegung nie isoliert (nur als so genanntes „Bewegungsangebot")
gesehen werden darf, sondern wichtiger Bestandteil des Alltags mit Kindern sein
sollte.

Wann immer es möglich ist, sollen deshalb Lieder und Gedichte mit Bewegungen begleitet werden: nicht nur der Mund darf sprechen, sondern auch die
Hände und der ganze Körper. Wir klatschen, stampfen, patschen, wir setzen unseren Körper als wunderbares, vielseitiges Instrument ein. „Mit Händen und Fü
ßen reden" ist für Kinder der natürlichste Ausdruck.

Die Forderung nach Ganzheitlichkeit beim Lernen bedeutet hier auch: Sprache darf nicht nur als mundmotorische Leistung gesehen werden, als eine Sache
von Sprachwerkzeugen und Sprechorganen. Bewegung und Sprachentwicklung
hängen eng zusammen; Fingerspiele und Bewegungsgeschichten fördern daher
in idealer spielerischer Weise beides.

Gerade Kindern, die sich sprachlich noch nicht so gut ausdrücken können,
hilft die Bewegung, Hemmungen abzubauen, die Sprache, die ihnen doch so
schwer fällt, nicht mehr im Vordergrund und als wichtigstes „Lernziel" zu sehen.
Gleichzeitig regen Sprachspiele, die Spaß machen, dazu an, sich körperlich auszudrücken: Was mich bewegt, will ich auch mit Bewegung darstellen.

Kinder haben das Bedürfnis, Körpersprache in allem, was sie sagen und tun,
einzusetzen: Sie wollen ganz und gar – mit Haut und Haar – von Kopf bis Fuß –
lebendig sein.

Wir sollten sie darin so wenig wie möglich bremsen, sondern ihnen im Gegenteil viel Raum und Zeit dafür geben – und offen sein für die Begeisterung, die
wir mit ihnen erleben können!

**Mein Körper will schwingen, meine Worte wollen klingen.
Ich will mich ganz im Leben zum Ausdruck bringen.**

Zu diesem Buch

Viele Ideen dieses Buches sind in der Arbeit mit zwei- bis dreijährigen Kindern entstanden. Dennoch haben auch ältere Kinder viel Freude an den Finger- und Bewegungsspielen, bei denen man nicht nur mit dem Mund sprechen, sondern mit dem ganzen Körper erzählen darf!

Ich freue mich besonders, wenn sich auch viele Erwachsene von der Begeisterung der Kinder anstecken lassen und mit ebenso viel Spaß wie sie – mit Händen und mit Füßen – den Tag willkommen heißen!

Der Einfachheit halber schreibe ich in diesem Buch von „Erwachsenen". Damit sind Erzieherinnen und Erzieher, Mütter und Väter und alle großen Leute gemeint, die gerne mit Kindern spielen, singen und tanzen.

Die Bewegungen, die zu den Versen angegeben sind, sollen nur Anregungen sein. Oft findet jeder eigene Darstellungsformen und Variationen. Unsere Kinder haben viel Phantasie und entwickeln neue, kreative Ausdrucksweisen – greifen wir sie auf, so oft wir können!

Gleichzeitig sind auch die Texte der Lieder nicht festgelegt, es können auch Abwandlungen einfließen. Die Kinder sind meist sehr erfinderisch und sind vor allem begeistert von „Quatsch-Variationen", scheinbar sinnlosen Laut- und Wortschöpfungen, die zum Sprechen anregen und ermutigen (da es ein „Falsch" nicht gibt) und vor allem viel Spaß machen!

Die meisten Bewegungs- und Fingerspiele eignen sich auch für eine kleine Gruppe. Natürlich macht es manchmal mehr Freude, wenn viele dabei sind, aber auch zwei oder drei können zusammen tanzen und sogar einen Kreis bilden!

Verse, die für die Kleinsten bei uns noch zu schwierig sind, spielen und sprechen wir trotzdem meist gemeinsam. Interessiert zuschauen und dazu klatschen kann eigentlich jeder. Meine Erfahrung hat gezeigt, dass die Jüngsten beim Dabeisein sehr viel lernen und speichern, im Augenblick vielleicht nicht mitmachen, aber zu Hause die Eltern mit viel Neuem erstaunen!

Ingrid Gnettner

Guten Morgen
Wir begrüßen uns und den neuen Tag

Kapitel 1

Im Kindergarten- und Krippenalltag ist das Begrüßungslied im Morgenkreis meist fester Bestandteil des Tagesablaufs. Dieser Kreis ist oft die erste Gelegenheit, bei der wir als Gruppe zusammenkommen. Wir tun etwas gemeinsam, alle Kinder sind mit einbezogen, es entsteht das Gefühl: Wir gehören zusammen. Wir richten unsere Aufmerksamkeit auf jeden einzelnen:

- Wer ist da?
- Wer fehlt heute?
- Habe ich jeden, der morgens angekommen ist, bewusst wahrgenommen?

Statt eines Liedes können wir auch ein Begrüßungsspiel oder einen Spruch einsetzen. Wenn wir uns danach an den Händen fassen und damit unseren Kreis schließen, machen wir allen die Gemeinschaft noch einmal bewusst. Wir können zum Schluss der Reihe nach jedes Kind mit seinem Namen einzeln begrüßen und es dadurch in unsere Gruppe aufnehmen und ihm zeigen, dass es für uns wichtig ist.

Guten Morgen von Kopf bis Fuß

Mit Händen und mit Füßen
will ich den Tag begrüßen.
Mit Kopf, mit Schultern, mit dem Bauch,
da winken wir euch allen auch.
Und unser Po
sagt noch: Hallo!
Mit vielen dicken Küssen
wolln wir den Tag begrüßen!

Wir zeigen unsere Hände und Füße oder klatschen und stampfen. Wir nicken mit dem Kopf, zucken die Schultern, wackeln mit dem Bauch und winken. Wir wackeln mit dem Po und werfen uns dann viele Kusshände zu. Schließlich zeigt jeder auf ein anderes Kind (seinen Freund, seinen Nachbarn).

Lied: Mit Händen und mit Füßen

Mit Hän-den und mit Fü-ßen will ich den Tag be-

grü-ßen. Mit Kopf und Schul-tern, mit dem Bauch, da

win-ke ich euch al-len auch. Mit vie-len di-cken

Küs-sen will ich auch dich be-grü-ßen.

Dieser lebhafte Morgengruß regt uns noch mehr zur Bewegung an, wenn wir ihn singen. Schon die Kleinsten wippen und klatschen bei den ersten Klängen einer Melodie. Hier darf der ganze Körper – von Kopf bis Fuß – mitmachen!

Wir wecken unseren Körper auf

Sich tüchtig recken und strecken, die Glieder nach allen Seiten bewegen, wild und sanft, laut und leise mit dem eigenen Körper zu spielen – das tut gut, macht Spaß und hilft, wach und aufmerksam zu werden!

Je nach Lust der Kinder (und auch nach ihren Ideen) kann dieses Bewegungsspiel kurz oder aber sehr ausführlich sein.

Der Erwachsene fragt, ob schon alle richtig wach sind. Sollte unter den Kindern wirklich keiner zugeben, noch ein bisschen müde zu sein, kann der Erwachsene selbst sagen:
„Meine Hände sind noch ein bisschen verschlafen, die muss ich jetzt tüchtig schütteln – guten Morgen, liebe Hände!"
Der Reihe nach wird (fast) jeder Körperteil geweckt und begrüßt:

• die Finger	*zappeln*
• die Arme	*klatschen*
• die Schultern	*nach oben ziehen und fallen lassen*
• der Bauch	*kreisen*
• der Po	*sich mit einem Sprung umdrehen und mit dem Po wackeln*
• der Rücken	*beugen und strecken*
• der Kopf	*schütteln*
• die Augen	*klimpern*
• die Nase	*streicheln*
• die Ohren	*reiben*
• die Wangen	*aufblasen*
• den Mund	*„Indianergeheul" mit der flachen Hand*
• die Zähne	*klappern*
• die Lippen	*„babababababa"*
• die Zunge	*weit herausstrecken und dabei brüllen*

„Jetzt sind wir bestimmt alle ganz und gar wach. Guten Morgen!" (Arme weit zur Decke strecken und nach oben hüpfen)

Wir können unserem Körper noch mehr Aufmerksamkeit schenken, indem wir erzählen, was die einzelnen Körperteile heute schon alles gemacht haben oder noch tun werden. Dankbarkeit für die vielen wunderbaren Fähigkeiten, aber auch Freude am eigenen Körper kann sich dabei entwickeln:

„Meine Augen können dich sehen – und darüber freue ich mich sehr!"
„Unser Bauch hat schon ein leckeres Frühstück bekommen, und er wartet vielleicht schon aufs Mittagessen – hört mal, ob er schon knurrt?"
„Eure Füße sind bestimmt schon weit gelaufen, bevor ihr in der Krippe wart."
„Unsere Hände wollen heute noch ganz viel tun – wisst ihr schon, was eure Hände heute noch machen wollen?"
„Unser Po muss den ganzen Tag so viel sitzen, der ist besonders froh, wenn er auch mal extra wackeln darf."

Der Morgen erwacht

Es ist tiefe Nacht, und Menschen und Tiere schlafen fest.

Die Kinder schließen die Augen und legen vielleicht den Kopf auf die verschränkten Arme.

Aber dann kommt der Morgen, und die Sonne geht auf

Mit den Armen einen Halbkreis beschreiben

und die Blüten öffnen sich.

Die Handflächen aneinanderlegen und die Finger auseinanderbreiten

Die Raupen kriechen über den Boden,

Kriechbewegung mit der flachen Hand

Bienen fliegen und summen

Der Zeigefinger einer Hand spielt „fliegen", dazu ein Summgeräusch

und landen auf einer Blume.	*Mit der Zeigefingerspitze auf der anderen Hand „landen"*
Schmetterlinge flattern hin und her.	*Beide Daumen aneinanderlegen und die anderen Finger auf- und abbewegen*
Eine Maus schaut aus ihrem Versteck,	*Zeigefinger der einen Hand hinter der anderen Hand verstecken, nach oben schieben und auf- und abbewegen*
und schon saust sie davon und ist hinter einem Baum verschwunden.	*Den Zeigefinger hinter dem Rücken verstecken*
Die Bärenkinder, die in einer Höhle wohnen, wachen auf und tappen durch den Wald.	*Mit den Handflächen auf den Boden patschen*
Alle Tiere sind aufgewacht. Und die Kinder? Die Sonne kitzelt sie, und da reiben sie sich die Augen, strecken sich und gähnen und rufen: „Guten Morgen!"	*Die Augen reiben, die Arme nach oben strecken, aufspringen und „Guten Morgen!" rufen*

Beziehen wir die Umwelt mit ein und sehen uns als einen Teil der Natur, die nach einer langen Nacht wieder erwacht, können wir o.g. Geschichte erzählen und mit den Kindern spielen.

Guten Morgen – wie heißt du?

Ein einfaches Begrüßungsspiel ist das Guten-Morgen-Sagen mit dem Ball. Wir spielen es vor allem dann, wenn neue Kinder in unsere Gruppe kommen, die die anderen noch nicht kennen, oder wenn wir Besuch haben, dem wir uns mit unseren Namen vorstellen wollen.

Wir sitzen im Kreis, die Beine ausgestreckt und gegrätscht. Der Erwachsene rollt einen Ball zu einem Kind und fragt: „Guten Morgen! Wie heißt du?" Das Kind antwortet mit seinem Namen und rollt den Ball zurück. Der Erwachsene rollt den Ball zum nächsten Kind. So wandert der Ball herum, bis alle Namen genannt worden sind.

Als Variation kann der Ball auch kreuz und quer gerollt werden, wobei das antwortende Kind im Anschluss die Frage an das nächste Kind stellt.

In der „Kurzform" kann dabei auch auf die Frage verzichtet werden, und jedes Kind, das den Ball erhält, sagt lediglich seinen Namen.

Vor allem in einer kleinen Gruppe finde ich es aber schöner, wenn auf einen Dialog Wert gelegt wird, etwa:

„Guten Morgen, wie heißt du?"
„Ich heiße Anna."
„Guten Morgen, Anna, ich freue mich, dass du da bist!"

Neben der Wiederholung des Namens ist dabei auch Zeit für einen besonderen Willkommensgruß für jedes einzelne Kind.

Auch so können wir uns begrüßen

Bei uns ist es üblich, sich beim Begrüßen die Hand zu geben – sofern man das nicht nur mit Worten tut.

Wie wäre es, wenn wir uns beim Guten-Morgen-Sagen mit der Stirn (dem Ohr/dem Ellenbogen/dem Po/dem Bauch/dem Daumen/…) berühren würden?

Allerdings muss die Gruppe vertraut sein, um so viel Nähe zuzulassen, und die Kinder müssen sich gegenseitig achten, Rücksicht auf die Gefühle des anderen nehmen und sorgsam miteinander umgehen.

Wenn das gegeben ist, haben die Kinder aber bestimmt sehr viel Spaß bei dieser Begrüßung mit dem ganzen Körper!

Morgenspruch

Guten Morgen
sag ich
zu dir.
Guten Morgen
wünschen wir.
Hallo
sagst du
zu mir.
Jetzt sind wir alle hier.

Für jede Zeile gibt es eine andere Bewegung. Gerade bei kleinen Kindern – und wenn der Morgengruß noch nicht so bekannt ist – sollten wir bewusst langsam sprechen und die Bewegungen deutlich zeigen:

Guten Morgen	*winken*
sag ich	*auf sich zeigen*
zu dir.	*auf ein anderes Kind zeigen*
Guten Morgen	*winken*
wünschen wir.	*die Arme ausbreiten*
Hallo	*winken*
sagst du	*auf ein Kind zeigen*
zu mir.	*auf sich zeigen*
Jetzt sind wir alle hier.	*die Hände reichen*

Guten Morgen, liebe Augen

Guten Morgen, liebe Augen,
liebe Ohren, lieber Mund,
guten Morgen, liebe Schultern,
lieber Bauch, so kugelrund.

Guten Morgen, liebe Hände,
liebe Füße, liebe Knie,
auch den Po, auf dem ich sitze,
den vergesse ich doch nie.

Guten Morgen, liebe Leute –
so begrüßen wir uns heute!

Wir zeigen auf unsere Augen, die Ohren und den Mund. Wir zucken die Schultern und streicheln unseren Bauch. Wir reiben die Hände, berühren die Füße und die Knie. Wir stehen kurz auf und streicheln unseren Po. Zum Schluss reichen wir uns die Hände und sagen noch einmal: „Guten Morgen!"

Aufgewacht, ihr Fingerlinger

Aufgewacht, ihr Fingerlinger
und ihr kleinen Zehendinger,
aufgewacht, ihr Wackelohren:
seid zum Hören ja geboren!
Aufgewacht, ihr Klimperaugen,
sollt zum Sehen heute taugen.
Aufgewacht, ihr kleinen Knöpfe!
Schüttelt doch mal eure Köpfe!
Zappelkinder, aufgewacht!
Erst ganz groß, dann klein gemacht,
dann gehüpft – und still gesessen.
Haben wir noch was vergessen?

Wir bewegen uns nach dem Text. Dabei finden es die Kinder sicher lustig, dass unsere Körperteile und auch sie selbst nicht wie sonst üblich bezeichnet werden. Da macht das Zappeln und Wackeln gleich noch mehr Spaß!

Zum Schluss gibt es eine „vergessene" Zugabe, die ein Kind vorschlagen darf – zum Beispiel mit dem Po wackeln.

Genauso gut können wir aber auch an etwas Wichtiges erinnert werden: Wir wollten heute malen, wir bekommen Besuch, Anna darf etwas erzählen usw.

Guten Morgen, kleine Maus!

Guten Morgen, kleine Maus!
Bist du immer noch zu Haus?
Ach, die Fenster sind noch zu.
Sag mir doch: Wo bist denn du?
Ist die Türe noch nicht auf?
Drück ich auf die Klingel drauf,
hallt durchs Haus ein lauter Ton.
Oh, da kommt mein Mäuschen schon!

Für die geschlossenen Fenster halten wir die Hände vor die Augen, für die Tür halten wir die Handflächen zusammen. Mit dem Zeigefinger „klingeln" wir am Arm unseres Nachbarn. Eines der Kinder macht dazu ein Klingelgeräusch. Zum Schluss umarmen wir unseren Nachbarn.

Spitze Stacheln hat der Igel

Von großen und kleinen Tieren

Kapitel 2

Kinder verwandeln sich besonders gerne in Tiere mit ihren verschiedenen Bewegungs- und Ausdrucksformen: in stampfende Elefanten, schleichende Katzen und Tiger, in hüpfende Frösche, Hasen und Kängurus, fliegende Vögel und Schmetterlinge, flinke Mäuse und gemächliche Schnecken.

In den Tieren finden die Kinder das, wonach sie sich manchmal sehnen: das Große, Starke, Wilde wie z. B. in Bär und Löwe, aber auch das Sanfte, Leise wie bei Käfern und Schmetterlingen. Kinder können dabei ohne Scheu Gefühle ausleben, sie können in Rollen schlüpfen, zu denen sie sonst nicht den Mut hätten.

Allerdings vermischt sich vieles, weicht ab vom klischeehaften Ausdruck und bringt so die Gegensätze ins lebendige Gleichgewicht: Die Katze kann schnurren und fauchen, der Elefant ist schwer, aber kann auch mäuseflink sein, und unter den Vögeln gibt es nicht nur die kleinen Spatzen und Meisen, sondern auch gefährliche Geier und mächtige Adler.

Vielseitig sind nicht nur die Bewegungsformen – weit mehr als gehen, laufen, hüpfen, kriechen –, sondern auch die verschiedenen sprachlichen Ausdrucksweisen. Tierlaute bieten viele Möglichkeiten, die Modulationsfähigkeit der eigenen Stimme zu entdecken und zu üben. Mit immer neuen Geräuschen zu experimentieren ist – frei von allem Lernzwang – ein sehr lustbetonter Bereich der Sprachentwicklung.

Die kleine Katze

Kleine Katze, kratz mich nicht!
Schleck mir auch nicht mein Gesicht,
schlag mich nicht mit deinen Pfoten –
weißt du's nicht? Das ist verboten!
Lass das Beißen, kleiner Wicht,
denn das mag ich wirklich nicht!
Doch ich will gern mit dir spielen
und dein weiches Fellchen fühlen.

Ein Kind darf in die Mitte des Kreises und stellt die Katze dar. Natürlich darf niemandem wehgetan werden – und auch das Schlecken wird nur gespielt! Die „Katze" geht von einem Kind zum anderen. Zum Schluss darf es sich von jemandem streicheln lassen.

Auch die Kinder im Kreis können mitspielen:

Sie drohen mit dem Zeigefinger („Kleine Katze, kratz mich nicht!"), halten die Hände beim „Schlecken" vors Gesicht, schütteln den Kopf („Schlag mich nicht ..."), machen beim „Beißen" eine abwehrende Handbewegung und schütteln den Kopf. Da die Katze ja nur vor einem Kind sitzt und von diesem gestreichelt wird, streicheln die übrigen Kinder ihren eigenen Handrücken.

Die Maus

So klettert hinauf die kleine Maus.
Klingelingeling, ist jemand zu Haus?

So klettert hinauf die kleine Maus.
Poch, poch, poch, ist jemand zu Haus?

So klettert hinauf die kleine Maus.
Krkrkr, ist jemand zu Haus?

Ich öffne weit, ganz weit die Tür.
Guten Morgen, kleine Maus!
Jetzt bist du bei mir!

Wir klettern mit der einen Hand am ausgestreckten anderen Arm bis zur Schulter hinauf und zupfen uns am Ohrläppchen.

Beim zweiten Mal klopfen wir uns selbst auf die Schulter. Beim dritten Mal kratzen wir uns an der Brust.

Wir breiten die Arme weit aus und umarmen ein anderes Kind.

Der Anfang dieses Spiels kommt sicher vielen bekannt vor. Es ist ein überlieferter Spruch, der von mir ergänzt und weitergeführt wurde.

Meine Kinder lieben dieses Fingerspiel, das auf ihren Wunsch hin grundsätzlich zuerst mit der einen Hand, danach aber auch mit der anderen dargestellt werden muss. Wenn ich zum Schluss die Arme weit ausbreite, stürzen sich meist eine ganze Reihe Kleiner auf meinen Schoß, damit ich sie umarme.

Der kleine Käfer

Ein kleiner Käfer klettert munter
den Baum hinauf, den Baum hinunter.
Auf einem Blatt ruht er sich aus
beim Blätterschmaus.

Dann krabbelt er aufs nächste Blatt,
aufs nächste Blatt,
aufs nächste Blatt,
bis er genug gefressen hat.
Jetzt ist er satt.

Er schläft
und bleibt ganz reglos liegen
und lässt auf seinem Blatt im Wind sich wiegen
und träumt, dass Vögel ihn nicht kriegen.

Die Finger der einen Hand klettern hinauf und wieder hinunter.
Die andere Handfläche wird als Blatt ausgestreckt, und der
„Käfer" krabbelt darauf herum.
   Für die nächsten Blätter krabbeln die Finger ein Stück weiter,
machen eine kleine Pause, und krabbeln wieder weiter.
Schließlich streichen wir über unseren satten Bauch.
Wir legen zum Schlafen den Kopf auf die gefalteten Hände, ma-
chen die Augen zu und wiegen uns leise hin und her.

Die Biene

Gestern hat endlich die Sonne gelacht,
hat uns die wärmenden Strahlen gebracht.
Da habe ich Fenster und Tür aufgemacht.
Stellt euch vor:
Gleich kam jemand zu Besuch herein!
Meine Freundin? Nein.
Mein Opa? Nein.
Unser Nachbar? Nein –
mit Summen
und Brummen
ein Bienchen
so klein.

Wir deuten mit den Armen einen Halbkreis an (Sonne). Wir fühlen die Wärme und strecken beide Handflächen nach vorne. Wir breiten beim Öffnen die Arme aus.
Bei jedem „Nein" schütteln wir den Kopf.

Wir lassen den Zeigefinger als Biene kreuz und quer fliegen und zeigen zum Schluss mit Daumen und Zeigefinger einen kleinen Abstand.

Wer könnte noch zu Besuch kommen? Bestimmt haben die Kinder noch mehr Ideen.

Spitze Stacheln hat der Igel

Spitze Stacheln hat der Igel
und der Hase lange Ohren.
Mit gefährlich großem Maul
ist das Krokodil geboren.

Schwere Schritte stampft der große
graue, dicke Elefant.
Doch die Mäuschen kommen leise,
trippel, trappel, angerannt.

Und der Löwe brüllt: „Uah!",
weil er endlich fressen will.
Nur die kleine schwarze Spinne
sitzt im Netz und ist ganz still.

Den Anfang stellen wir mit den Händen dar: weit auseinander gestreckte Finger als Stacheln, die Hände oben am Kopf als Ohren, und die aufeinander gelegten Handflächen, die sich weit öffnen und wieder zuklappen, als Maul.

Die schweren, lauten Schritte und das leise Trippeln können wir mit den Füßen oder auch mit den Händen imitieren.

Beim Löwen dürfen alle den Mund weit aufreißen und laut brüllen. Zum Schluss krabbeln die Finger sanft in der anderen Handfläche, dann legen wir den Zeigefinger auf die Lippen.

Ein kleiner Wurm

Ein kleiner Wurm, ein kleiner Wurm,
der kriecht auf einen hohen Turm.
Er schaut von oben auf die Welt,
weil's ihm da gar so gut gefällt.
Doch plötzlich schwankt der hohe Turm –
erst bläst ein Wind, dann bläst ein Sturm:
herunter fällt der kleine Wurm.

Der kleine Wurm gibt noch nicht auf:
Er klettert einfach wieder rauf:

Ein kleiner Wurm, ein kleiner Wurm,
der kriecht auf einen hohen Turm.
Er schaut von oben auf die Welt,
weil's ihm da gar so gut gefällt.
Doch plötzlich schwankt der hohe Turm –
erst bläst ein Wind, dann bläst ein Sturm:
herunter fällt der kleine Wurm.

Der kleine Wurm gibt noch nicht auf,
er klettert einfach wieder rauf:

Ein kleiner Wurm …

Ein Unterarm wird als Turm senkrecht nach oben gestreckt. Die andere Hand (oder nur der Zeigefinger) kriecht als Wurm hinauf. Der Arm schwankt hin und her, wir pusten kräftig, wenn der Sturm bläst. Der Wurm (die Hand) fällt hinunter. Wir können, je nach Wunsch der Kinder, das Fingerspiel beliebig oft wiederholen.

Das Krokodil

Ich bin das große Krokodil,
ich schlafe tief am großen Nil.
Doch wenn ich Riesenhunger hab,
dann mach ich einfach „schnapp"!

Wir legen die Handflächen aufeinander und öffnen und schließen sie (als Maul des Krokodils).

Wir legen den Kopf auf die gefalteten Hände und schließen die Augen.

Wir legen mit gestreckten Armen die Handflächen aufeinander und öffnen die Arme weit.

Zum Schluss schnappen die Handflächen, zum Beispiel nach dem eigenen Fuß oder dem Arm eines anderen Kindes.

In unserer Gruppe wollten sich viele Kleine besonders gern von mir schnappen lassen, so dass ich manchmal den ganzen Arm voller Kinder hatte!

Es schwimmt der Fisch

Es schwimmt der Fisch,
es steht der Tisch,
der Bär, der tappt,
das Krokodil schnappt,
es weht der Wind,
es klatscht das Kind.
Da saust die Maus –
das Spiel ist aus!

Wir bewegen eine Hand wie auf Wellen schwimmend, bauen mit beiden Händen einen Tisch (die eine Handfläche senkrecht nach oben, die andere waagerecht darüber legen), stampfen wie ein Bär auf den Boden (oder patschen auf die Oberschenkel). Wir legen die Handflächen aufeinander und öffnen und schließen sie wie ein Krokodilmaul. Wir wedeln mit beiden Händen, klatschen, bewegen eine Hand schnell vor dem Körper von einer Seite zur anderen – und verstecken beide Hände hinter dem Rücken.

Der Bär hat grüne Strümpf

1 – 2 – 3 – 4 – 5
Der Bär hat grüne Strümpf.
6 – 7 – 8 – 9 – 10
Doch könnt ihr sie nicht sehn.

Er hat im Wald sie gut versteckt,
mit Laub und Moos fein zugedeckt.
Er findet sie so wunderschön,
zu schade zum Spazierengehn,
er fürchtet nämlich 1 – 2 – 3 :
die Strümpfe reißen schnell entzwei.

Die größeren Kinder zählen hier bestimmt gerne auch mit den Fingern mit. Für kleine Hände allerdings ist es noch ziemlich schwierig, die Finger einzeln nacheinander zu bewegen! Wir schauen nach unseren eigenen Strümpfen, wenn von denen des Bären erzählt wird. Wir schütteln den Kopf: Wir können sie nicht sehen. Wir verstecken unsere Hände hinter dem Rücken und stellen danach pantomimisch dar, wie wir mit Laub die Strümpfe zudecken. Bei „wunderschön" klatschen wir in die Hände, spazieren dann auf dem Platz, zählen drei Finger, legen die Handflächen aufeinander und ziehen sie schließlich mit einem Ruck auseinander.

Wir gehen einfach so

Watschelfüße haben wir keine
und auch keine Storchenbeine,
gehen keine Mäuseschritte,
stampfen nicht um unsre Mitte
wie der Elefant im Zoo –
nein, wir gehen einfach so!

Damit auch einmal die Füße unsere ganze Aufmerksamkeit bekommen, machen wir den Gang verschiedener Tiere nach:

Wir watscheln wie die Enten oder Pinguine, stolzieren wie Störche, trippeln wie Mäuse, stampfen wie Elefanten – und sehen zum Schluss, dass für uns Menschen das ganz normale Gehen wohl doch das Richtige ist.

Kommt, wir wollen heut spazieren

Kommt, wir wollen heut spazieren,
wandern mit den großen Tieren.
Schritt für Schritt und rundherum,
und dann drehen wir uns um!

Kommt, wir wollen heut spazieren,
wandern mit den kleinen Tieren.
Schritt für Schritt und rundherum,
und dann drehen wir uns um!

Kommt, wir wollen heut spazieren,
wandern mit den schweren Tieren.
Schritt für Schritt und rundherum,
und dann drehen wir uns um!

Kommt, wir wollen heut spazieren,
wandern mit den flinken Tieren.
Schritt für Schritt und rundherum,
und dann drehen wir uns um!

In einer langen Schlange wandern wir im Raum herum. Als „große Tiere" strecken wir uns dabei hoch zur Decke, als kleine gehen wir in der Hocke oder kriechen auf dem Boden. Nach jeder Runde wechseln wir die Richtung, und der neue „Kopf" darf sich aussuchen, wie wir weitergehen: als laute oder leise Tiere, als Hüpfe-, Trampel- oder Schleichtiere.

Lied: Kommt, wir wollen heut spazieren

Kommt, wir wol-len heut spa-zie-ren, wan-dern mit den gro-ßen Tie-ren. Schritt für Schritt im Kreis he-rum, und dann dre-hen wir uns um.

Eine einfache Melodie erleichtert uns bei diesem Spiel, auch bei den besonders langsamen oder schnellen Tieren nicht so bald aus dem Takt zu geraten. Dass bei den (sehr beliebten!) „Sausetieren" unser Spaziergang in Gelächter, Durcheinander und Auf-den-Boden-Purzeln endet, ist natürlich klar!

Im Tierpark

Wir wollen in den Tierpark gehn
und dort die vielen Tiere sehn:
Mit langem Halse die Giraffen,
die flinken kleinen Kletteraffen,
die stummen Fische hinterm Glas,
die Kängurus im weiten Gras.
Der Löwe brüllt ganz laut: Uah!
Der Rabe flattert und ruft: Krah!
Der Eisbär taucht im Wasser unter,
die Enten watscheln draußen munter.
Der Elefant mit schwerem Schritt
bringt seinen langen Rüssel mit.
Es gäbe noch so viel zu sehn,
doch leider müssen wir jetzt gehn!

Pantomimisch, mit den Händen oder dem ganzen Körper, und mit den entsprechenden Lauten stellen wir die Tiere dar.

Auf dem Bauernhof

Morgens schon in aller Früh
kräht der Hahn: Kikeriki!
Schau, die Katze streckt sich – miau!
und der Hund, der reckt sich – wau wau!
Drin im Stall, da ruft die Kuh
nach dem Bauern: Muh, muh, muh!
Alle Hühner scharren froh
zwischen Körnern, Gras und Stroh.

Als Hahn krähen wir nicht nur, sondern schlagen auch mit den Flügeln, als Katze und Hund räkeln wir uns nach allen Seiten, und als Hühner kratzen wir über den Boden oder auf unseren Beinen.

Die Schnecke

Die Schnecke, die Schnecke
kriecht langsam um die Ecke,
das Blatt hinauf und rundherum,
und oben kehrt sie wieder um.

Die Schneck ist keine Schnelle,
sie kommt kaum von der Stelle.
Sie trägt so schwer
ihr Haus, seht her.

Doch wenn sie einmal Hunger hat,
sucht sie zum Knabbern sich ein Blatt.

Und stört sie jemand, sagt sie: „Nein!
Ich kriech jetzt in mein Haus hinein."

Unser ausgestreckter Zeigefinger kriecht als Schnecke. Die Faust der anderen Hand stellt das Haus dar. Wenn sich die Schnecke versteckt, ziehen wir den Finger in die Faust hinein.

Die Mäuschen

Viele kleine Mäuschen
tippeln in dem Häuschen,
huschen hin und huschen her,
so als ob da niemand wär.

Doch die große Katze
schleicht auf leiser Tatze.
Und die Mäuslein ohne Ruh
tanzen fröhlich immerzu.

Leise schleicht die große Katze
und – mit einem Riesensatze
springt sie in die Mäuseschar.
Doch die Mäuse, das ist wahr,
haben sich blitzschnell versteckt
und von dort die Katz geneckt.

Unsere zappelnden Finger spielen die Mäuschen, die flachen Hände schleichen als Katze.
Zum Schluss huschen die Mäuse auf unseren Kopf, von wo sie zappelnd die Katze ärgern.

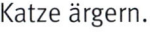

Meine Finger wollen tanzen

Was Finger und Hände alles können

Kapitel 3

Vom ersten Tag an spüren Kinder die Hände der Menschen, die für sie sorgen: sie werden gewaschen und gestreichelt, gekitzelt, berührt und be-handelt. Die erste Sprache kommt ohne Wörter aus – sie besteht aus Berührungen, „Handgreiflichkeiten", einer Umarmung, die bedeutet: „Ich mag dich" oder einer abwehrenden Geste, die sagen will: „Lass mich!" Schon bald kennen Kinder die Körpersignale, die ohne Worte verständlich sind: die ausgebreiteten Arme („Komm zu mir, ich fange dich auf!"), das Winken („Ich gehe jetzt" oder auch „Du gehst jetzt"), den erhobenen Zeigefinger („Nein, das darfst du nicht!") oder den Finger auf den Lippen („Leise!").

Gleichzeitig be-greifen kleine Kinder selbst mit ihren Händen die Welt, lange, bevor sie den Raum erobern und in der Welt, die sie umgibt, „auf eigenen Beinen" (im wörtlichen Sinn) stehen.

Noch ehe die visuellen Fähigkeiten entwickelt sind, lernen die Kleinen, mit den Händen zu „sehen", zu tasten, zu fühlen und zu entdecken. Alles, was die Hände tun, ist ein Beitrag zur geistigen Entwicklung eines Kindes.

Mit der Zeit üben die Kinder immer wieder andere Bewegungen mit Fingern und Händen, machen ständig neue Erfahrungen und sind fasziniert von der Vielseitigkeit dieser wunderbaren Körper-Werkzeuge. Neben den vielen Gesten, die zum Alltag, zur Kommunikation, zum Ausdrücken unserer Gefühle und Stimmungen gehören, gibt es die zahlreichen Beschäftigungen, mit denen die Entwicklung der Feinmotorik gefördert wird: malen, schneiden, knüllen, reißen, falten, fädeln, stecken, legen, knöpfen und so weiter. Den Kindern macht es einfach nur Spaß zu sehen, dass sich unter ihren Händen ein Material verändert oder etwas Eigenes entsteht. Das Lernen geschieht dabei von selbst, ohne Zwang und ganz nebenbei.

Fünf Finger sind an der rechten Hand

Fünf Finger sind an der rechten Hand
und fünf Finger an der linken.
Die eine Hand sagt „hoppsala!",
die andere will winken.
Erst eine Hand –
dann die andre Hand –
jetzt könnt ihr zwei Hände sehn.
Und wie viele Finger sind es wohl?
1, 2, 3, 4, 5, 6, 7, 8, 9, 10!

Wir zeigen erst die eine Hand, dann die andere. Die eine Hand fällt von oben aufs Knie, die andere winkt. Wir zeigen wieder die eine Hand, dann die andere dazu. Schließlich zappeln wir mit allen Fingern und zählen sie danach.

Was sollen unsere Finger noch machen?

Klatschen, krabbeln,
patschen, zappeln,
streicheln, rollen –
sag, was sollen
unsere Finger noch machen?

Bei diesem und dem folgenden Spiel ist die Phantasie der Kinder gefragt. Sicher haben sie viele Ideen, wie verschieden sich unsere Hände bewegen können und für welche Aufgaben wir sie brauchen.

Ach, du kannst so viele Sachen

Ach, du kannst so viele Sachen
nur mit deinen Händen machen!
Fällt dir grade etwas ein?
Komm in unseren Kreis herein!

Das Kind, das eine neue Bewegung vorschlägt, darf in den Kreis treten und diese vormachen, alle Kinder machen sie nach.
Als Variation fragen wir, welche Bewegungen unsere Füße machen können.

Der Daumen kann stopfen

Der Daumen kann stopfen,
der Zeigefinger kann klopfen,
der Mittelfinger kann sich verneigen,
der Ringfinger kann auch zeigen,
und der Kleine sagt zu allen:
Tanzen würde mir gefallen!

Am Anfang drückt der Daumen der einen Hand in die Mitte der anderen Faust. Die anderen Bewegungen gehen aus dem Text hervor. Am Schluss „tanzt" die ganze Hand.

Meine Finger wollen tanzen

Meine Finger wollen tanzen,
wollen zappeln, wollen gehen,
wollen sausen, wollen schleichen,
wollen nicht nur stille stehen.

Meine Hände sind wie Vögel,
können fliegen, hoch und nieder.
Meine Hände sind wie Fische,
schwimmen, tauchen, immer wieder.

Meine Hände sind wie Räder,
die den Berg hinunter sausen.
Meine Hände sind wie Stürme,
wenn die Winde heftig brausen.

Meine Hände sind Blitz – Donner – Regen.
So können sich meine Hände bewegen!

Strophe 1: Unsere Finger machen am Anfang die beschriebenen Bewegungen und bleiben schließlich stehen.

Strophe 2: Die Hände bewegen sich flatternd wie Vögel auf und ab und schwimmen wie Fische auf und nieder, die Handflächen aneinandergelegt.

Strophe 3: Die Hände drehen sich schnell umeinander, wedeln heftig hin und her, dabei blasen wir kräftig.

Strophe 4: Die Hände klatschen einmal kräftig, die Fäuste trommeln auf den Boden, die Finger bewegen sich zappelnd von oben nach unten.

Meine Hände bauen ein Dach

Meine Hände
bauen ein Dach
und einen Tisch.

Sie fliegen wie ein Vogel
und schwimmen wie ein Fisch.

Sie sind meine Brille
und mein Fensterbrett,
meine Mütze mit Schirm
und mein Kissen im Bett.

Sie sind mein Blatt
und mein Pinsel dazu.

Will ich nichts mehr sehen,
decken sie sacht,
als wäre es Nacht,
meine Augen zu.

Wir stellen mit den Händen Dach und Tisch dar und bewegen sie wie Vogel und Fisch.

Wir legen Daumen und Zeigefinger beider Hände als runde Brille an die Augen.

Als Fensterbrett legen wir die Unterarme unters Kinn.

Wir legen die Hand wie einen Schirm an die Stirn und legen dann den Kopf auf die aneinander gelegten Handflächen.

Die flache Hand ist unser Zeichenblatt, der Zeigefinger der anderen Hand malt darauf.

Zum Schluss verstecken wir unsere Augen hinter den Handflächen.

50

Mein Werkzeug

Ein Hammer
Eine Säge

Eine Schere
Ein Pinsel

Eine Schaufel
Ein Rechen

Eine Zange
Ein Bohrer –

Wie ich mich freu:
Ich hab mein ganzes Werkzeug dabei!

Mit den Fingern und der ganzen Hand werden die einzelnen Werkzeuge dargestellt. Vor Freude klatschen wir dann in die Hände und breiten zum Schluss unsere Arme aus.

Das ist der Finger Klitzeklein

Das ist der Daumen Ach-so-dick:
Er geht ein Stück
und dann zurück.

Das ist der Finger Zeig-genau:
Schau, das ist blau
und das ist grau.

Das ist der Finger Mittendrin,
und da gehört er ja auch hin,
„Weil ich", sagt er, „der Größte bin!"

Das ist der Finger O-wie-schön.
Du kannst ihn oft mit Ringen sehn
und sich vor lauter Freude drehn.

Das ist der Finger Klitzeklein:
Er tanzt jetzt fein
und will so gern bewundert sein.

Die einzelnen Finger – jeder von besonderer Wichtigkeit! – stellen sich mit einer kleinen Bewegung vor. Beim Drehen und Tanzen macht natürlich die ganze Hand mit!

Zwei Hände trafen sich

Zwei Hände trafen sich.
Die Daumen drückten sich,
die Zeigefinger stritten sich,
die Mittelfinger kitzelten sich,
die Ringfinger streichelten sich,
die kleinen Finger umarmten sich.
Und alle sagten: Das war schön!
Zwei Hände winkten: Auf Wiedersehn!

Die beiden Handflächen werden gezeigt und gehen aufeinander zu. Die einzelnen Finger bekommen klar gesagt, was sie tun sollen: Beim „Streiten" kämpfen die gestreckten Zeigefinger wie beim Fechten, die kleinen Finger verhaken sich in der „Umarmung".

Bei „Das war schön!" klatschen die Kinder in die Hände und winken schließlich zum Abschied.

Was mache ich heut mit meiner rechten Hand?

Was mache ich heut
mit meiner rechten Hand?
Hämmern und sägen
und sie zur Ruhe legen.
Ich fange die Luft und streue den Sand.
Das mache ich mit meiner rechten Hand.

Und mit der linken?
Schleifen und bohren
und zupfen an den Ohren.
Ich zieh meinen Hut und will euch allen winken.
Das mach ich mit meiner Hand, der linken.

Und was mach ich mit beiden?
Klatschen und patschen und trommeln
und – bis sie warm sind – reiben.
Dich streicheln mit beiden Händen
und dir viele Küsse senden!

Bei diesem und den folgenden Fingerspielen brauchen wir eigentlich keine Erläuterungen. Der Text sagt uns, wie sich die Hände bewegen sollen. Sie haben auf jeden Fall viel zu tun!

Die Krachmacher

Der Daumen ruft: Guten Morgen! Hallo!
Der Zeigefinger fragt: Wie geht es euch so?
Der Mittelfinger sagt: Ein schöner Tag ist heut!
Der Ringfinger fragt: Habt ihr grade Zeit?
Der kleine Finger ist auch schon wach
und ruft: Kommt, wir machen alle Krach!

Es wird mit dem jeweiligen Finger gewackelt, oder der Zeigefinger tippt auf den entsprechenden Finger der anderen Hand. Zum Schluss trommelt die ganze Hand kräftig auf den Tisch / den Boden / den Oberschenkel.

Du hast zehn Finger

Du hast zehn Finger,
ganz lebendige Dinger:
sie können malen und kneten und rühren,
sie können über deine Beine spazieren.
Sie machen sich groß und machen sich klein.
Sie können zappelig und ganz ruhig sein.
Sie können an deinem Pullover zupfen,
sie können dich an die Nase tupfen.
Sie können zählen, das sollst du sehn:
1, 2, 3, 4, 5, 6, 7, 8, 9, 10.
Sie können so vieles! Sie können sich strecken
und können sich hinter dem Rücken verstecken.

Der Daumen ist nicht gern allein

Der Daumen ist nicht gern allein,
er lädt den Zeigefinger ein.
Er freut sich sehr und ruft: „Juchhei!
Jetzt sind wir schon zwei!"
Nun kommt der Mittelfinger vorbei:
da sind es schon drei.
Der Ringfinger schlüpft schnell durch die Tür:
da sind es schon vier.
Zum Schluss kommt der Kleine noch angerannt:
Fünf Finger sind es jetzt – eine ganze Hand!

Wir tippen mit dem Zeigefinger der einen Hand auf die genannten Finger der anderen. Zum Schluss drehen wir unsere Hand mit den fünf gezeigten Fingern.

Hände, streckt euch in die Höh

Hände, streckt euch in die Höh,
dass ich euch nur alle seh!
Zappelfinger – dicke Daumen,
flache Hände, klatsch und patsch.
Fäuste wie zwei runde Pflaumen,
schnell verschwinden – aus der Quatsch!

Erst wenn die Hände sich hinter dam Rücken verstecken, ist das Spiel zu Ende!

Der Daumen versteckt sich

Der Daumen fragt:
„Wollen wir Verstecken spielen?"

Er ist gleich in der Höhle verschwunden.
Dort hat ihn lange niemand gefunden.
Da wartet er nun und sitzt und sitzt.
Er langweilt sich nur und stöhnt und schwitzt.
Und schließlich fängt er an zu schrein:
„Hier bin ich! Lasst mich nicht allein!"

Da kam einer vorbei und hat nachgesehn.
„Da bist du ja, Daumen, ich freu mich, wie schön!"

Der Daumen wackelt bei der Frage: „Wollen wir Verstecken spielen?" Dann biegen wir ihn zum Handteller und decken die übrigen Finger darüber.

Am Ende kommt die andere Hand vorbei und deckt den Daumen Finger um Finger auf. Der streckt sich und wird von der anderen Hand gestreichelt und gedrückt.

Sich selbst verstecken, Dinge unter einem Tuch verbergen oder hinter dem Rücken verschwinden und wieder auftauchen lassen, ist ein Lieblingsspiel der Kleinsten.

Ihren eigenen Daumen zu verstecken fällt ihnen anfangs aber gar nicht so leicht. Aber die Geschicklichkeit und Beweglichkeit der Finger wächst mit jedem Mal.

Der Kleine versteckt sich

Vier Finger suchen ihren Kleinen.
Der Erste fängt fast an zu weinen:
„Er wird sich doch nicht verlaufen haben?"
Der Zweite sagt: „Ist er dort im Graben?"
Der Dritte jammert: „Der Arme, o weh!"
Der Vierte sieht gar nichts und sagt nur: „O je!"
Da denkt sich der Kleine: „Das kann ich nicht machen",
er krabbelt heraus und fängt an zu lachen:
Hahaha!

Der kleine Finger will sich verstecken. Geht das überhaupt? Wir probieren eine Weile herum – bis wir einsehen, dass wir die zweite Hand dazu brauchen. (Wir schließen die Finger um den Kleinen der anderen Hand. Daumen, Zeigefinger, Mittelfinger und Ringfinger der ersten Hand sind gestreckt.)

Beim Sprechen können wir mit dem jeweiligen Finger wackeln. Zum Schluss schlüpft der Kleine aus seinem Versteck – der Faust – und dreht sich zusammen mit der ganzen Hand.

Lied: An jeder Hand die Finger

An jeder Hand die Finger

An jeder Hand die Finger
sind ganz besondre Dinger,
sie strecken sich und werden krumm
und zappeln wie verrückt herum
und machen mit viel Spaß
als nächstes einfach das:

Wer schlägt eine Bewegung vor? Alle machen sie nach.

Klatsch und patsch
Kleine Spiele
für zwischendurch

Kapitel 4

Manchmal ist gerade noch Zeit für ein kurzes Fingerspiel, wenn wir auf etwas warten, oder für ein paar kräftige Bewegungen, wenn danach Still-
sitzen angesagt ist: vor dem Essen oder Hinausgehen, vor einer Beschäftigung,
um die Kinder zu sammeln, ihre Aufmerksamkeit zu wecken oder sie zur Ruhe
zu bringen.

Wenn einzelne Kinder langsa-
mer sind als andere und zu ihren
Arbeiten länger brauchen, können wir die Wartezeit für die anderen mit diesen kleinen Spielen
überbrücken.

In diesem Kapitel finden sich
kleine rhythmische Spiele ebenso wie winzige Bewegungsgeschichten.

Ich bin groß

Ich bin groß – ich bin klein,
ich bin langsam – ich bin schnell,
ich bin stark – ich bin schwach,
ich bin dick – ich bin dünn.
Schau mich an:
Ich bin, wie ich bin!

Ein Bewegungsspiel mit Gegensätzen:
Wir strecken uns und kauern uns zusammen,
wir gehen bedächtig auf der Stelle und laufen am Platz,
wir spannen die Muskeln an (schon die Kleinsten wissen, wie ein „Kraftprotz"
aussieht!) und lassen die Arme schlaff hängen,
wir strecken den Bauch heraus und ziehen ihn ein,
wir breiten die Arme aus:
Seht uns an – das alles sind wir!

Hase Wackelohr

Hase Wackelohr
schaut aus seinem Haus hervor.
Fenster auf und auf die Tür:
Liebe Freunde, kommt zu mir!

Wir legen die flachen Hände wie lange Ohren an den Kopf.
Wir bilden mit den Handflächen ein Dach und schauen darunter hinaus.
Wir legen die Handflächen aufeinander und öffnen erst nur die Hände und breiten danach die Arme aus. Zum Schluss winken wir die „Freunde" heran.

Das Boot

Auf dem großen, weiten Meer
schwimmt ein kleines Boot daher.
Bläst der Wind, fährt es nach Haus.
Alle Leute steigen aus.

Wir breiten die Arme weit aus. Dann legen wir die Handflächen aufeinander und bewegen sie in Wellen auf und ab. Wir pusten kräftig und ziehen die Handflächen an die Brust. Am Ende spazieren unsere Finger nach beiden Seiten.

Lied: Das Boot

Singen wir den kurzen Vers, wird daraus ein sehr ruhiges Lied, zu dem sich die Kinder sicher gerne hin- und herwiegen.

Es kann die Vorbereitung zur Stille sein, zu einer ruhigen Beschäftigung oder zur Schlafenszeit. Zum Weg dorthin kann uns der letzte Satz als Aufforderung dienen: „Alle Leute steigen aus" – alle Kinder stehen auf und gehen in den Schlafraum.

Der kleine Baum

Am Morgen geht die Sonne auf.
Der kleine Baum reckt sich,
der kleine Baum streckt sich
zum Himmel hinauf.
Es wackeln seine Blätter.
So ein schönes Wetter!

Wir zeigen mit den Händen einen Halbkreis über dem Kopf.

Wir legen die Handflächen aneinander, strecken die Arme langsam nach oben und breiten sie schließlich ein Stück weit aus.

Wir spreizen die Finger und bewegen die Hände hin und her.

Zum Schluss können wir uns sanft – wie ein Baum im Wind – zur Seite neigen oder vor Freude in die Hände klatschen.

So ein Krach!

Ja, so ein Krach! Wo gibt's denn das?
Das macht mir aber keinen Spaß!
Da schmerzen mir die Ohren schon!
Da laufe ich ja gleich davon!
Doch jetzt – pst – leise – hört mal zu …
Jetzt ist es still …
ganz still bin ich – bist du.

Unser kleines Spiel darf mit ganz viel Lärm beginnen: stampfen, klatschen, trommeln, vielleicht sogar schreien (je nachdem, wie belastbar die Erwachsenen und die Gruppe sind). Auf ein Zeichen (zum Beispiel: der Erwachsene hebt die Hand) hört der Krach auf.

Bei „so ein Krach" klatschen wir einmal in die Hände und breiten dann fragend die Arme aus. Wir schütteln den Kopf und halten uns die Ohren zu. Wir laufen auf dem Platz. Wir legen den Zeigefinger auf die Lippen („pst"), halten eine Hand lauschend hinters Ohr und deuten am Ende erst auf uns selbst und dann auf ein anderes Kind.

Der kleine Zwerg

Schaut her, ich bin der kleine Zwerg.
Ich klettre auf den hohen Berg
und grüße euch ganz munter.
Jetzt rutsch ich wieder runter.

Wir wackeln mit dem Daumen der einen Hand. (Wir können diesem „Zwerg" eine Zipfelmütze aus Papier oder Stoff aufsetzen und ein Gesicht auf den Daumenballen malen. Aber auch ohne all das ist der Daumen Zwerg genug!)

Wir bewegen den Daumen an unserem anderen Arm hinauf bis zur Schulter und wackeln dort noch einmal. Danach saust der Daumen über den Arm hinunter.

Bücken, strecken

Bücken, strecken,
Kopf verstecken,
hoch bis an die Decke recken,
auf die Zehen,
leise gehen,
einmal drehen –
stille stehen!

Nachdem wir unseren Körper tüchtig durchgestreckt haben, können wir sicher eine Weile still stehen bleiben.

Erst mal klatsch ich

Erst mal klatsch ich
und dann patsch ich,
aber dann
fang ich an –
und kitzle dich!

Der Hüpf

Kennst du den Hüpf?
Er macht so.
Und ist er froh,
dann hüpft er so.
Doch ist er traurig,
dann hüpft er ganz still.
Und er macht so,
wenn er nicht mehr will.

Sicher können sich die Kinder vorstellen, dass der „Hüpf" besonders hoch und wild springt, wenn er froh ist, und nur ganz zaghaft, wenn er traurig ist. Und wenn er nicht mehr will? Dann setzt er sich hin oder lässt sich hinfallen oder verschränkt die Arme und stampft auf den Boden. Vielleicht haben die Kinder noch andere Ideen?

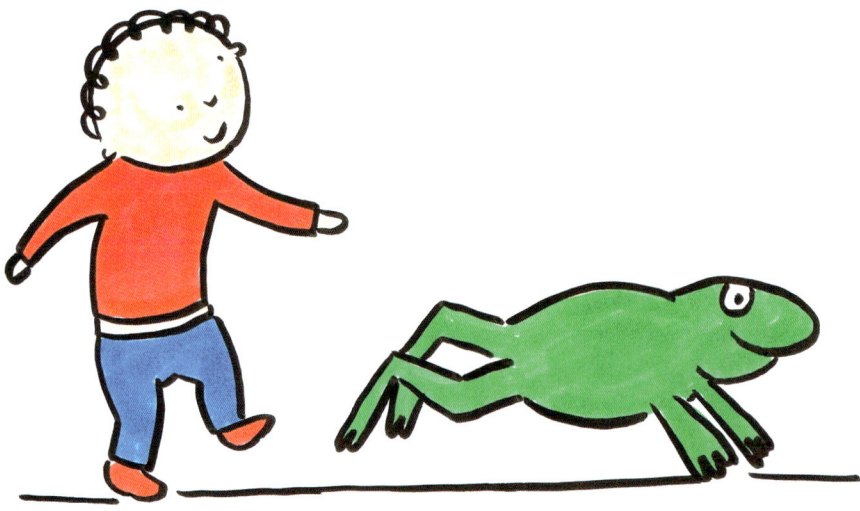

Oben und unten

Oben
unten
vorne
hinten
rundherum im Kreise drehn.

Oben klatschen
unten stampfen
nach vorne hüpfen
nach hinten gehn.

Vorne schütteln
hinten krabbeln
unten schleichen
oben zappeln.

Oben
unten
vorne
hinten
einmal drehn
wieder stehn.

Spielerisch werden räumliche Begriffe eingeübt. Auch wenn manches anfangs durcheinander geht, kann das viel Spaß machen – vor allem, wenn wir später das Tempo steigern, vielleicht in einem Kuddelmuddel und schließlich wahrscheinlich am Boden liegend enden!

Quatschgedicht

Miri, miri, max,
klicker, klecker, klax,
rumpelpumpel, ba,
ticke tacke, ja!
Hu – i!
Ps – st!
Rundumedum –
Bum!

Bewegungsvorschlag:

miri	*Hände drehen sich umeinander*
max	*Arme ausbreiten*
klicker	*mit beiden Händen auf eine Seite zeigen*
klecker	*auf die andere Seite zeigen*
klax	*in die Hände klatschen*
rumpelpumpel	*stampfen*
ba	*Arme mit gespreizten Fingern nach vorne strecken*
ticke tacke	*Handkanten im Wechsel auf- und abbewegen („hacken")*
ja	*einmal hüpfen*
hu-i	*aus der Hocke mit dem Körper und der Stimme nach oben gehen*
ps-st	*Finger an die Lippen legen*
rundumedum	*sich auf der Stelle drehen*
bum	*auf den Boden fallen lassen*

Am Anfang wird der Text sehr langsam gesprochen, damit sich die Bewegungen einprägen. Später kann zum „Quatsch" durchaus dazugehören, dass das Tempo wechselt und Teile des Textes schneller gesprochen werden.

Eins, zwei, drei, heute gibt es Brei

Eins, zwei, drei,
heute gibt es Brei.
Löffel haben wir vergessen –
müssen mit den Händen essen!

Zu den ersten beiden Zeilen klatschen wir rhythmisch. Dann breiten wir ratlos die Arme aus – und stellen schließlich pantomimisch das Essen dar.

Klatsch und patsch

Klatsch und patsch,
klatsch und patsch,
rolle, rolle,
rolle, rolle,
kneten, kneten im
Matsch!

Wir klatschen in die Hände, patschen auf die Beine und rollen die Hände umeinander. Die letzte Bewegung braucht wohl keine Erläuterung. Jedes Mal genieße ich dabei den lustvollen Gesichtsausdruck von Erwachsenen und Kindern!

Hände, Füße, Finger, Zehen

Hände, Füße,
Finger, Zehen –
ich kann auf den Füßen stehen.
Ich kann mich zur Decke strecken
und bis in den Himmel recken.

Wir beginnen im Sitzen, zeigen die Hände, berühren die Füße, zappeln mit den Fingern und beugen uns zu den Zehen. Wir stehen auf, strecken uns nach oben und versuchen, noch ein bisschen größer zu werden.

Eine lange Schlange

Sooo lange
ist unsere Schlange.
Sie schlängelt im Kreise
und zischelt ganz leise:
ssssssss

Zuerst breiten wir die Arme weit aus. Dann windet und schlängelt sich ein Arm als Schlange.

Rolle, rolle

Rolle, rolle,
rumbumbum,
ritsche, ratsche,
rundherum.

Der Wechsel von Bewegungsformen kombiniert mit einem „Text", den man nicht lange lernen muss und der den Bewegungen entspricht, macht den Kindern viel Spaß.

Wir drehen unsere Hände umeinander, trommeln auf den Boden oder den Tisch, machen Bewegungen wie beim Sägen, mit beiden Armen nach vorne und hinten und schließlich – was nicht so einfach ist! – senkrecht im Kreis.

Zahlenverse

Auch wenn die Beschäftigung mit Zahlen in der Kinderkrippe nicht im Vordergrund steht, gewinnen die Zahlen doch schon bald auch für die Kleinsten an Bedeutung.

„Ich bin schon 2!", ist eine stolze Aussage, die durch die beiden hoch gestreckten Finger noch verstärkt wird.

Mit großer Begeisterung zählen bei uns in der Gruppe alle mit, wenn wir im Morgenkreis wissen wollen, wie viele Kinder heute da sind.

Bei unseren Zahlenversen ist nicht so sehr das Zählen, sondern sind Rhythmus und Bewegung wichtig. Trotzdem werden damit den Kindern schon bald die ersten Zahlen vertraut.

1 und 2 –
komm herbei!
3 und 4 –
ich bin hier!
Fehlt die 5 noch zum Schluss –
ich winke, weil ich gehen muss!

Wir winken die anderen herbei, zeigen auf uns selbst, halten eine Hand mit ausgestreckten Fingern nach oben und winken am Ende.

1 – 2 – 3 –
Wir rühren einen Brei.
4 – 5 – 6 –
Ich geb dir einen Klecks.
7 – 8 – 9 –
Mmh, wie schmeckt das fein!
Und zum Schluss die 10:
Dankeschön!

Bei diesem leckeren Brei streichen wir uns den Bauch und verbeugen uns zum Dank.

1 und 2 –
Matschebrei
3 und 4 –
Klopapier
5 , 6 , 7 – hier geblieben!
8 , 9 , 10 – du darfst gehn!

Quatsch um des Reimes willen lieben „meine" Kinder. Die Zahlen sind dabei reine Nebensache und prägen sich trotzdem ein.

Pantomimisch kneten wir und reißen ein Papier ab, wir stampfen mit dem Fuß und zeigen auf ein Kind.

1 – 2 – 3 – 4 –
Seid ihr alle hier?
(Ja!)
5 – 6 – 7 – 8 –
Jetzt wird Krach gemacht!
9 und 10 –
leise …
stille stehn.

Bei „Jetzt wird Krach gemacht" wird nach Herzenslust getrampelt, geklatscht und auf den Boden getrommelt, bei „leise" aber legen alle den Finger auf den Mund.

Ich habe einen Luftballon

Kleine Geschichten, mit den Händen erzählt

Kapitel 5

Manche Geschichten werden nur mit der Stimme erzählt. Durch wechselndes Tempo, unterschiedliche Lautstärke und verschiedene Tonfärbung entstehen, in Verbindung mit der Phantasie der Zuhörer, lebendige innere Bilder. Zusätzlich kann die Mimik des Erzählers für Interesse und Spannung sorgen. Bei Kindern habe ich oft erlebt, dass sie lauschend den Gesichtsausdruck des Erwachsenen übernehmen und damit ganz in die Geschichte vertieft sind.

Dann gibt es – auch bei uns – Geschichten, die nur mit dem Körper dargestellt werden. Körperhaltung und -bewegung, Gesten und Mimik ersetzen in der Pantomime die Sprache.

In unseren Fingerspielen sind Sprache und Bewegung gleichberechtigt. Sie unterstützen sich gegenseitig, die Sprache legt den Ablauf fest, die Bewegung hilft Kindern mit Sprachhürden umzugehen oder sie sogar zu überwinden.

Längere Fingerspiele, die noch nicht im Gedächtnis der Kinder bleiben, werden, zumindest am Anfang, vom Erwachsenen erzählt. Doch in die Bewegungen – die „Hand-lung" – steigen die Kinder meist sofort ein.

Manchmal genießen sie es, über längere Zeit „nur" Zuhörer zu sein, aber trotzdem aktiver Mitspieler. Hin und wieder übernehmen sie danach auch einzelne sprachliche Teile, die sie in ihren Spielalltag einbauen, und wachsen so über die Bewegung in den sprachlichen Ausdruck hinein.

Mein Haus

Kennst du mein Haus?
So sieht es aus:
Ganz schief ist das Dach –
Ach!
Wenn es regnet, tropft es hinein.
O nein!
Wenn es stürmt, klappen die Fenster auf und zu.
Huuuu!

Gestern hab ich geschlafen,
tief und fest in der Nacht.
Doch da bin ich plötzlich aufgewacht;
die Türe ging auf – und ist zugekracht!

Ich glaube, aus diesem Haus
zieh ich bald wieder aus!

Mit den Handflächen bilden wir ein schiefes Dach.

Beim Regen zappeln die Finger von oben nach unten. Die Handflächen klappen wie Fensterflügel auf und zu. „Ach!", „O nein!" und „Huuuu!" werden mit viel Ausdruck in der Stimme gesprochen: Es wird gejammert, dem Ärger Luft gemacht und geheult. Die Arme öffnen die Tür, und wenn sie zukracht, stellen wir das natürlich mit lautem Händeklatschen dar!

Die Brücke

Ich geh durch einen großen Wald
und komm an einen Fluss schon bald.
Der ist soo tief, der ist soo weit,
und keine Brücke weit und breit!

Am Ufer steht ein großer Baum.
Ich traue meinen Augen kaum:
Ein Sturmwind packt ihn doch und schüttelt
die Äste hin und her und rüttelt. –
Da kippt der Baum. Zu meinem Glücke
hab ich jetzt doch noch eine Brücke!

Wir gehen auf dem Platz oder tappen mit den Handflächen auf dem Boden / dem Tisch.

Der Fluss wird mit Wellenbewegungen der Hand dargestellt. Wie tief und weit er ist, zeigen unsere Arme. Wir schütteln den Kopf („Keine Brücke") und strecken einen Unterarm als „Baum" nach oben. Die andere Hand legen wir beim Schauen wie einen Schild an die Stirn.

Der Sturm lässt den „Baum" hin- und herschwanken, bis er nach vorne kippt und auf das Bein / den Tisch patscht. Nun können die Finger der anderen Hand über diese „Brücke" spazieren.

Der Zwerg

Es war einmal ein kleiner Zwerg,
der saß auf einem hohen Berg.
Er schlief und schlief die ganze Nacht.

Ist er wohl aufgewacht
am Morgen beim Sonnenschein?
Ach nein!

Er ist erst aufgewacht,
als es regnet
und donnert
und kracht!

Den Zwerg deuten wir mit einer Zipfelmütze (den Handflächen) auf unserem Kopf an, den hohen Berg malen wir mit dem Zeigefinger in die Luft. Zum Schlafen legen wir den Kopf auf die gefalteten Handflächen.

Für den Sonnenschein breiten wir die Arme weit über unserem Kopf im Halbkreis aus.

Wir schütteln den Kopf, lassen als Regen die Finger von oben nach unten zappeln, donnern mit den Fäusten auf den Boden und klatschen schließlich kräftig in die Hände.

Das Zelt

Wir bauen ein Zelt,
das ist wie ein Haus.
Ich krieche hinein
und schaue hinaus.
Und gehst du vorbei,
dann lad ich dich ein:
Komm doch zu mir in
mein Zelt herein.

Wir können diese kleine Geschichte entweder nur mit den Händen spielen. Wir halten dazu die Handflächen wie ein Dach, stecken unseren Kopf darunter und schauen nach beiden Seiten. Dann ahmen wir mit den Fingern, den Händen oder den Füßen am Platz das Gehen nach und winken unseren Gast heran. Zum Schluss bilden wir mit den Händen noch einmal das Zelt.

Genauso können aber zwei oder drei Kinder mit erhobenen Armen, die sich berühren, ein Zelt bauen. Ein drittes Kind krabbelt zwischen sie und schaut hinaus. Ein weiteres Kind spaziert um das Zelt und folgt der Einladung (heran- winken) und kriecht mit ins Zelt.

Der Apfelbaum

Sieh nur den großen Apfelbaum
mit seinen dicken Ästen,
und seine Äpfel schmecken dir
bestimmt am allerbesten.

Du musst dich nur strecken,
dann kannst du sie pflücken,
und fallen sie runter,
dann musst du dich bücken.

Leg sie in den Korb und trag sie nach Haus.
Dort gibt's einen leckeren Apfelschmaus!

Wir stehen mit hoch nach oben gestreckten Armen und spreizen die Finger („Äste"). Wir strecken uns auf die Zehenspitzen und versuchen, abwechselnd mit der rechten und der linken Hand noch höher zu kommen. Wir gehen in die Hocke und lassen dabei die Arme nach unten fallen. Wir deuten mit dem einen Arm einen runden Korb an, in den wir mit der anderen Hand die Äpfel klauben. Beim Apfelschmaus streichen wir uns den Bauch.

Der Luftballon

Ich habe einen ... Luftballon,
den kennt ihr schon.
Er hängt wie eine reife Pflaume
an einem großen Pflaumenbaume.
Am Anfang ist er noch so klein –
er passt in meine Hand hinein.

Aber dann blas ich ihn auf
... und er wird größer ...
... und größer ...
und größer

und platzt entzwei
und knallt dabei –
au wei –
vorbei!

Ich hab noch einen Luftballon ...

Der Erwachsene hält am Anfang in seiner Hand versteckt einen Luftballon, den er den Kindern zeigt und dann wieder in der Faust verschwinden lässt.

Das Aufblasen machen alle pantomimisch gemeinsam: Es wird immer wieder kräftig gepustet, die Hände zeigen, wie der Luftballon wächst und wächst.

Wenn er platzt, werden die Arme mit einem Ruck auseinander gebreitet, und dann klatschen alle laut. Die Kinder lassen mit traurigem Blick die Arme sinken und zeigen die leeren Handflächen. Aber wir haben ja noch einen Luftballon!

Fünf Vöglein

Fünf Vöglein schliefen
tief und fest
in ihrem Nest.
Doch als die Sonne zu steigen begann,
fing ganz langsam der Morgen an.
Vorbei war die lange dunkle Nacht.
Da sind die fünf Vöglein aufgewacht.
„Wir haben so Hunger! Wo ist unsre Mutter?
Wir wollen was fressen! Wir brauchen jetzt Futter!"
Da sahen sie endlich, was für ein Glück,
die Mutter von ihrem Fluge zurück.
„Ihr Kleinen, ich hab euch doch nicht vergessen!
Sperrt auf eure Schnäbel, es gibt was zu fressen!"

Die Vöglein sind satt. Sie gehen zur Ruh.
Die Mutter deckt alle ganz sachte zu.

Eine Hand ist das Nest, die Finger der anderen Hand sind die fünf Vöglein. Wenn die Sonne aufgeht, beschreiben wir mit beiden Armen über unserem Kopf einen großen Halbkreis. Die Finger beider Hände, die sich wie Schnäbel öffnen, stellen die hungrigen Vöglein dar. Beide Hände bilden die Flügel der heimkehrenden Mutter.

Zum Schluss liegen die Vöglein wieder wie am Anfang in ihrem Nest.

Der Regen

Tropf, tropf, tropf,
es regnet auf den Kopf.
Auf Arme und auf Hände
regnet's ohne Ende.

Auf den Rücken, auf den Bauch
fallen Regentropfen auch.

Fällt ein Tropfen auf den Fuß,
mag ich nicht mehr – sage: Schluss!
Der Regen soll zu Ende sein.
Ich mag jetzt lieber Sonnenschein!

Wir tippen mit dem Zeigefinger dreimal auf den Kopf. Wir tippen auf Arme und Hände, auf Rücken und Bauch, auf den Fuß. Wir schütteln den Kopf und stampfen mit dem Fuß auf. Mit beiden Armen beschreiben wir einen großen Halbkreis über dem Kopf.

Da wir, wenn wir dem Regen zuhören, immer wieder Rhythmus und – je nach Untergrund – manchmal sogar eine Melodie erkennen, soll unsere Regengeschichte hier auch als Lied erscheinen.

Lied: Der Regen

Die Feder

Als ich so in den Himmel schau –
er ist ganz weit und himmelblau –,
fliegt etwas Weißes sacht, ganz sacht.
Ich hab die Hände aufgemacht,
damit es bei mir landen kann.
Dann schau ich mir das Weiße an.
Ich spür es kaum in meiner Hand:
Es wiegt so wie ein Körnchen Sand.
Es kitzelt leise mein Gesicht.
Fühl ich es oder fühl ich's nicht?
Und wenn ich atme, zittert's schon,
und puste ich – fliegt es davon!

Diese Geschichte können wir nicht nur aus der Vorstellung heraus spielen, sondern auch mit echten kleinen Federn:

Der Erwachsene hält einen Korb mit Flaumfedern, greift nacheinander einige heraus und lässt sie wieder zurücksinken („fliegt etwas Weißes sacht, ganz sacht"). Er fordert mit einer Geste und den Worten „Ich hab die Hände aufgemacht" die Kinder auf, ihre Hände zu öffnen. Der Erwachsene geht mit seinem Korb von einem Kind zum anderen und lässt jedem eine Feder in die Hände sinken. Mit viel Achtsamkeit wird die Feder betrachtet, langsam bewegen wir die Hand, um das Gewicht zu spüren. Wir berühren leise unser Gesicht. Zuerst atmen wir die Feder nur sacht an, dann pusten wir kräftig und sehen sie fliegen.

Das Ei

Denke dir ein kleines Haus.
Keiner schaut zum Fenster raus,
denn es gibt keins, glaube mir.
Und es gibt auch keine Tür.

Trotzdem wohnt da drinnen einer,
so ein winzigklitzekleiner.
Eines Tages hört man's knacken
und nach einer Weile kracken,
knicks und knacks – und eins, zwei, drei,
bricht das ganze Haus entzwei.

Schau, das Warten wird belohnt!
Weißt du, wer da drinnen wohnt?

Wir bilden mit den Händen ein Dach – auch wenn das Ei anders aussieht. Wir zeichnen mit den Fingern ein Rechteck als Fenster und als Tür und schütteln dabei den Kopf.

Im zweiten Teil legen wir die Hände wie zu einem Ei zusammen. Wir halten es lauschend ans Ohr – und lösen am Ende die Hände, so dass wir sie wie eine Schale vor uns halten.

Gerade in der Osterzeit, wenn den Kindern durch Bücher und Erzählungen die Verbindung von Huhn, Ei und Küken vertraut ist, spielen wir diese kleine Geschichte vom Ei.

Das Auto

Mein Opa sagt: „Erzähl doch bloß –
was war heut in der Krippe los?
Was hast du morgens dort getan?"
Ich fang gleich zu erzählen an:

„Am Schönsten war das Autofahren,
das macht mir ja am meisten Spaß,
ich fahr im Kies und auf den Wegen
und kreuz und quer und auch im Gras."

Mein Opa sagt: „Das glaub ich nicht.
Du bist doch viel zu klein
zum Autofahren, und du hast
noch keinen Führerschein!"

„Ach, Opa", sag ich, „es ist wahr.
Das Auto ist mein Bobbycar!"

Beim zweiten Abschnitt stellen die Kinder das Autofahren pantomimisch dar.

Fahrzeuge in allen Variationen faszinieren Kinder jeden Alters. Schon Krabbel-
kinder schieben kleine Autos über den Boden und machen Geräusche dazu. Mit
großer Aufmerksamkeit werden Bücher über Feuerwehrautos und Baustellen-
fahrzeuge betrachtet. Im Garten sind Dreiräder, Roller und natürlich Bobbycars
Lieblingsspielzeuge der meisten Kleinen.

Der Bagger

Heute sind wir Bauarbeiter,
krempeln unsre Ärmel hoch,
und wir baggern kräftig weiter
dort im Garten an dem Loch.

Tief soll es hinunter gehen,
in die Erde weit hinein.
Darum muss auch unser Bagger
ganz besonders fleißig sein.

An Tagen, an denen wir nicht draußen „arbeiten" können, müssen eben unsere Hände beim Erzählen im Kreis die Baggerschaufeln sein!

Noch mehr gute Bücher

KliKla-Krippen-Klang

Wenn Musik ertönt, dann wiegen sich die kleinen Babys im Takt und antworten mit fröhlichem Gegluckse. Später tanzen die Kinder auf wackeligen Beinen und imitieren Sprache, Rhythmus und Klang. Bei diesem sichtlichen Vergnügen setzt musikalische Frühförderung an. Elke Gulden und Bettina Scheer stellen kurze Verse und kleine Klanggeschichten aus der Erlebniswelt der Krippenkinder vor, die mit wenigen, sorgsam ausgewählten Schlag- und Rhythmusinstrumenten begleitet werden.

Format: 17,5 x 19,5 cm, kartoniert, Notensatz, farbige Illustrationen, ca. 100 Seiten
ISBN 978-3-7698-1837-6

Krippenkinder im „Sprachbad"

Babys und Kinder, die „in Sprache baden", genießen die besten Voraussetzungen für eine erfolgreiche Sprachentwicklung. Denn mit dem Eintauchen in die Welt der Wörter, kleinen Verse und Erzählungen entstehen Bilder im Kopf, werden Beziehungen grundgelegt und reifen erste Vorstellungen heran, wie Sprache funktioniert. Einfache Methoden für das Erzählen mit Krippenkindern und zahlreiche Ideen, wie die Kinder selbst am Erzählen teilnehmen können: mit Reihengeschichten, Lachgeschichten, bildgestütztem Erzählen, „Geschichten an der Wäscheleine" und „Erzählkittelchen".

Format: 17,5 x 19,5 cm, kartoniert, farbige Fotos und Illustrationen, 96 Seiten, inkl. CD-ROM, ISBN 978-3-7698-1838-3

So gelingt der Start in die Krippe!

Der Übergang aus der gewohnten Umgebung der Familie in die außerfamiliale Betreuung stellt für Kinder, Eltern und BetreuerInnen eine besondere Herausforderung dar. Das Buch beschreibt die Übergangssituation aus der Perspektive aller Beteiligten, zeigt anschaulich die mit dem Übergang verbundenen Entwicklungsaufgaben und bietet Praxishilfen speziell für die Hand der Eltern. ErzieherInnen und LeiterInnen erhalten konkrete Hinweise zur Aufnahmepraxis, Beobachtung und Eingewöhnung, so- dass sie die Kinder und ihre Eltern in der Eingewöhnungsphase kompetent und souverän begleiten können.

Format: 17,5 x 19,5 cm, kartoniert, farbige Fotos, ca. 100 Seiten
ISBN 978-3-7698-1839-0

für die Krippe

Das bin ich!

ISBN 978-3-7698-1570-2

Wir kleistern, kneten, klecksen

ISBN 978-3-7698-1590-0

Wir krabbeln, klettern, hüpfen

ISBN 978-3-7698-1727-0

Wir erforschen unsere Welt

ISBN 978-3-7698-1589-4

Wir spielen zusammen!

ISBN 978-3-7698-1571-9

Wir feiern miteinander!

ISBN 978-3-7698-1701-0

Wir klatschen, singen, tanzen

ISBN 978-3-7698-1728-7